AF452115

VENTE POUR CAUSE DE DÉPART DE M. G.

TABLEAUX & AQUARELLES

GRAVURES, LITHOGRAPHIES, LIVRES

MEUBLES ANCIENS

BRONZES, CURIOSITÉS, FAIENCES

OBJETS DIVERS

HOTEL DROUOT, SALLE N° 11

Le Mercredi 26 Avril 1899

à deux heures précises

COMMISSAIRE-PRISEUR

Me LÉON TUAL, 56, Rue de la Victoire.

EXPERTS

M. DUMONT	**M. B. LASQUIN**
27, rue Laffitte, 27	12, rue Laffitte, 12

EXPOSITION

Le Mardi 25 Avril 1899, de 1 h. 1/2 à 5 h. 1/2

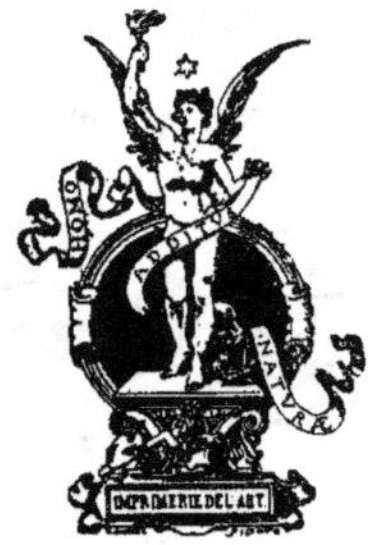
IMPRIMERIE DEL ART

CONDITIONS DE LA VENTE

Elle sera faite au comptant.

Les acquéreurs paieront *cinq pour cent* en sus des adjudi-
cations.

L'exposition mettant le public à même de se rendre
compte de l'état et de la nature des objets, il ne sera admis
aucune réclamation une fois l'adjudication prononcée.

Paris. — Imp. de l'Art, E. Moreau et Cie, 41, rue de la Victoire.

DÉSIGNATION

ŒUVRES PAR GUIGNÉ

TABLEAUX

1 — *La Marne, à Gournay.*

2 — *A Eaubonne (Étude).*

3 — *Fécamp (Étude).*

4 — *Saules, à Soisy-sous-Montmorency.*

5 — *Saules, à Soisy-sous-Montmorency.*

6 — *Sannois.*

7 — *Orgemont et Sannois (Le matin).*

8 — *Carrières de Soisy.*

9 — *Porte dans les carrières de Soisy.*

10 — *Ruisseau, à Épinay-sur-Seine.*

AQUARELLES

29 — *Le Tréport.*

30 — *Neige, à Saint-Gratien.*

31 — *Hiver* (Étude).

32 — *Été* (Étude).

33 — *Vallée du Tréport* (Le matin).

34 — *Ormesson* (Lavoir).

35 — *Rouen* (Le matin).

36 — *Rouen, Saint-Sever : Bassin au bois.*

37 — *Naples : Jardin de la Ville-Reale.*

38 — *Villers : Les Vaches noires.*

39 — *Venise : Quai des Esclavons.*

40 — *Fécamp : Bassin à flot.*

41 — *Sacy-le-Grand : Marais.*

42 — *Saint-Valéry-sur-Somme : Les Quais.*

43 — *Embouchure de la Dives.*

44 — *Dives* (dans la Dime).

45 — *Paris* (du pont d'Austerlitz).

46 — *Sacy : dans le Bois.*

47 — *Saules, à Soisy.*

ŒUVRES PAR DIVERS ARTISTES

BERTRAND
(JAMES)
48 — *Diane.*

BRIELMAN
49 — *Le Passage du gué, à Hérisson* (Allier).

HUBER
50 — *Fruits.*

ISABEY (attribué à)
51 — *Une Vague.*

MARX
(AD.)
52 — *Une rue au Caire.*

OLIVE
53 — *Cap Saint-Florent* (Corse).

SAUZAY
54 — *Bord de la mer* (Étude).

INCONNU

55 — *Jésus et la Samaritaine.*

GRAVURES ET LITHOGRAPHIES

56 — RAFFET. Le colonel du 17ᵉ léger. Le drapeau du 17ᵉ léger. S.-A. R. Le duc d'Aumale.

57 — RAFFET. Le combat d'Oued Alleg.

58 — RAFFET. Retraite de Constantine, suite complète de six pièces et un frontispice.

59 — RAFFET. Prise de Constantine, suite complète de douze pièces et un frontispice.

60 — RAFFET. 1813. Infanterie polonaise marchant au combat.

61 — PAUL HUET. Plusieurs lithographies et eaux-fortes.

62 — JACQUE (CHARLES). Eaux-fortes.

63 — HERVIER. Eaux-fortes.

64 — BONINGTON. Lithographies et gravures.

65 — ISABEY. Série de onze lithographies : Marines.

66 — ISABEY. Feuilles détachées.

67 — GAVARNI. Théâtre, coulisses et illustrations.

68 — DIAZ, DUPRÉ, COROT, DAUBIGNY, ROUSSEAU, FRANÇAIS. Plusieurs lots de lithographies et gravures.

69 — DELACROIX, FROMENTIN, VEYRASSAT. Plusieurs lots de lithographies et gravures.

70 — DECAMPS. Fables de La Fontaine et divers sujets.

71 — ROQUEPLAN, CÉLESTIN NANTEUIL. Un lot de lithographies et gravures.

72 — CHARLET ET BELLANGÉ. Un lot de lithographies et gravures.

73 — HARDING, PERROT ET BONINGTON. Vues de France et d'Ecosse, lithographies.

74 — L'ARTISTE. De divers, plusieurs lots de lithographies et gravures.

75 — EAUX-FORTES. Un Album.

76 — J. BELLET. Album, les Vosges, lithographies; texte de Th. Gautier.

77 — ARMENGAUD. Rome ou les galeries publiques de l'Europe.

78 — GUDIN. Marines, six lithographies.

79 — DIVERS. 17 reproductions de diverses œuvres de la galerie de Dresde et de Munich, en feuilles.

80 — JULES JACQUET, CHIFFLART, KOEK-KOEK, CICÉRI. JUSTIN OUVRIÉ, CALAME. Gravures et lithographies.

81 — JAZET. Deux gravures en couleurs.

82 — LASALLE-MÉDÉE. Lithographie avant la lettre.

83 — TENIERS (d'après). Buveurs, deux épreuves par Teniers, reproduction allemande.

84 — RUBENS (d'après). Les fils de Rubens.

85 — BARTOLOZZI. Deux gravures, Londres 1792.

86 — La Culotte déchirée, gravure sur acier.

87 — LAUGÉE. La Vierge. Saint Jean-Baptiste et l'Enfant Jésus d'après Léonard de Vinci.

88 — MURILLO (d'après). Enfants et fruits.

LIVRES

89 — Petit almanach gaillard par le citoyen Allegro pour l'année 1792, (12 gravures).

90 — Piron. Œuvres badines publiées à Voluptopolis 1804.

90 *bis* — Livres de bibliothèque : Walter Scott. Alfred de Musset, Ch. Nodier, Victor Hugo. Hoffmann, Shakespeare, etc. Romans et ouvrages modernes, cent volumes environ. (Sera divisé.)

MEUBLES, BRONZES, CURIOSITÉS

91 — Meuble à deux corps, de l'époque Louis XIII, en noyer sculpté, à motifs d'ornements et cariatides, surmonté d'un fronton.

92 — Bureau à cylindre, de l'époque Louis XVI, en bois d'acajou, à dessus de marbre et galerie de cuivre.

93 — Bahut-coffre Henri II en chêne sculpté, à figures.

94 — Console Louis XIV en chêne sculpté, dessus de marbre.

95 — Armoire normande en chêne sculpté, à médaillons.

96 — Petit meuble cartonnier en bois sculpté. Genre XVIe siècle.

97 — Meuble à deux corps, décoré de motifs de fleurs et d'oiseaux. Genre Louis XVI.

98 — Petit canapé, style Louis XVI, en bois sculpté et laqué, garni de soierie.

99 — Fauteuil Louis XVI, en bois laqué, garni de soierie, fond vert.

100 — Deux chaises, style Louis XVI, en bois laqué.

101 — Fauteuil Louis XIII, en bois tourné, garni de tapisserie au point.

102 — Guéridon supporté par trois cariatides en bois sculpté.

103 — Pendule Louis XVI, en bois sculpté et doré.

104 — Miroir Louis XIV, à bordure, en bois doré.

105 — Miroir ovale, bordure à feuillages.

106 — Écran empire, en érable, avec feuille en tapisserie à la main, vase de fleurs.

> Cet écran aurait été brodé par Mme Récamier et donné par elle à M. Briffault.

107 — Baromètre Louis XVI, en bois doré.

108 — Quatre chaises de style Louis XIII, par Sauvrezy.

109 — Pendule Louis XIV et son socle de suspension en marqueterie d'écaille de nacre et d'ivoire, garnie de bronzes.

110 — Bronze de Barye (édition du maître) : Chien et Canard.

111 — Statuette de Diane, bronze d'après Houdon.

112 — Deux flambeaux Empire, en bronze doré.

113 — Coupe de style grec, en bronze.

114 — Flambeau vénitien, en bronze ciselé.

115 — Deux flambeaux anciens, en cuivre.

116 — Bougeoir, style Louis XV, en bronze doré.

117 — Deux potiches en ancienne porcelaine de Chine, décorée en émaux de la famille verte.

118 — Vase ovoïde en porcelaine de Chine, décor imbriqué rouge.

119 — Deux flambeaux en ancienne faïence de Delft.

120 — Paire de potiches en porcelaine du Japon, décor bleu, rouge et or.

121 — Vase en céladon de Chine, bleu empois.

122 — Différents objets en faïence et terre de pipe, porcelaine dorée, etc.

123 — Deux miniatures.

124 — Monnaies diverses en cuivre et en argent.

125 — Quelques menus objets non catalogués.